Todos os motivos para admirar e apoiar Jair Bolsonaro

Todos os motivos para admirar e apoiar Jair Bolsonaro

Todos os motivos para admirar e apoiar Jair Bolsonaro

Todos os motivos para admirar e apoiar Jair Bolsonaro

Todos os motivos para admirar e apoiar Jair Bolsonaro

Todos os motivos para admirar e apoiar Jair Bolsonaro

Todos os motivos para admirar e apoiar Jair Bolsonaro

Todos os motivos para admirar e apoiar Jair Bolsonaro

Todos os motivos para admirar e apoiar Jair Bolsonaro

Todos os motivos para admirar e apoiar Jair Bolsonaro

Todos os motivos para admirar e apoiar Jair Bolsonaro

Todos os motivos para admirar e apoiar Jair Bolsonaro

Todos os motivos para admirar e apoiar Jair Bolsonaro

Todos os motivos para admirar e apoiar Jair Bolsonaro

Todos os motivos para admirar e apoiar Jair Bolsonaro

Todos os motivos para admirar e apoiar Jair Bolsonaro

Todos os motivos para admirar e apoiar Jair Bolsonaro

Todos os motivos para admirar e apoiar Jair Bolsonaro

Todos os motivos para admirar e apoiar Jair Bolsonaro

Todos os motivos para admirar e apoiar Jair Bolsonaro

Todos os motivos para admirar e apoiar Jair Bolsonaro

Todos os motivos para admirar e apoiar Jair Bolsonaro

Todos os motivos para admirar e apoiar Jair Bolsonaro

Todos os motivos para admirar e apoiar Jair Bolsonaro

Todos os motivos para admirar e apoiar Jair Bolsonaro

Todos os motivos para admirar e apoiar Jair Bolsonaro

Todos os motivos para admirar e apoiar Jair Bolsonaro

Todos os motivos para admirar e apoiar Jair Bolsonaro

Todos os motivos para admirar e apoiar Jair Bolsonaro

Todos os motivos para admirar e apoiar Jair Bolsonaro

Todos os motivos para admirar e apoiar Jair Bolsonaro

Todos os motivos para admirar e apoiar Jair Bolsonaro

Todos os motivos para admirar e apoiar Jair Bolsonaro

Todos os motivos para admirar e apoiar Jair Bolsonaro

Todos os motivos para admirar e apoiar Jair Bolsonaro

Todos os motivos para admirar e apoiar Jair Bolsonaro

Todos os motivos para admirar e apoiar Jair Bolsonaro

Todos os motivos para admirar e apoiar Jair Bolsonaro

Todos os motivos para admirar e apoiar Jair Bolsonaro

Todos os motivos para admirar e apoiar Jair Bolsonaro

Todos os motivos para admirar e apoiar Jair Bolsonaro

Todos os motivos para admirar e apoiar Jair Bolsonaro

Todos os motivos para admirar e apoiar Jair Bolsonaro

Todos os motivos para admirar e apoiar Jair Bolsonaro

Todos os motivos para admirar e apoiar Jair Bolsonaro

Todos os motivos para admirar e apoiar Jair Bolsonaro

Todos os motivos para admirar e apoiar Jair Bolsonaro

Todos os motivos para admirar e apoiar Jair Bolsonaro

Todos os motivos para admirar e apoiar Jair Bolsonaro

Todos os motivos para admirar e apoiar Jair Bolsonaro

Todos os motivos para admirar e apoiar Jair Bolsonaro

Todos os motivos para admirar e apoiar Jair Bolsonaro

Todos os motivos para admirar e apoiar Jair Bolsonaro

Todos os motivos para admirar e apoiar Jair Bolsonaro

Todos os motivos para admirar e apoiar Jair Bolsonaro

Todos os motivos para admirar e apoiar Jair Bolsonaro

Todos os motivos para admirar e apoiar Jair Bolsonaro

Todos os motivos para admirar e apoiar Jair Bolsonaro

Todos os motivos para admirar e apoiar Jair Bolsonaro

Todos os motivos para admirar e apoiar Jair Bolsonaro

Todos os motivos para admirar e apoiar Jair Bolsonaro

Todos os motivos para admirar e apoiar Jair Bolsonaro

Todos os motivos para admirar e apoiar Jair Bolsonaro

Todos os motivos para admirar e apoiar Jair Bolsonaro

Todos os motivos para admirar e apoiar Jair Bolsonaro

Todos os motivos para admirar e apoiar Jair Bolsonaro

Todos os motivos para admirar e apoiar Jair Bolsonaro

Todos os motivos para admirar e apoiar Jair Bolsonaro

Todos os motivos para admirar e apoiar Jair Bolsonaro

Todos os motivos para admirar e apoiar Jair Bolsonaro

Todos os motivos para admirar e apoiar Jair Bolsonaro

Todos os motivos para admirar e apoiar Jair Bolsonaro

Todos os motivos para admirar e apoiar Jair Bolsonaro

Todos os motivos para admirar e apoiar Jair Bolsonaro

Todos os motivos para admirar e apoiar Jair Bolsonaro

Todos os motivos para admirar e apoiar Jair Bolsonaro

Todos os motivos para admirar e apoiar Jair Bolsonaro

Todos os motivos para admirar e apoiar Jair Bolsonaro

Todos os motivos para admirar e apoiar Jair Bolsonaro

Todos os motivos para admirar e apoiar Jair Bolsonaro

Todos os motivos para admirar e apoiar Jair Bolsonaro

Todos os motivos para admirar e apoiar Jair Bolsonaro

Todos os motivos para admirar e apoiar Jair Bolsonaro

Todos os motivos para admirar e apoiar Jair Bolsonaro

Todos os motivos para admirar e apoiar Jair Bolsonaro

Todos os motivos para admirar e apoiar Jair Bolsonaro

Todos os motivos para admirar e apoiar Jair Bolsonaro